LA FRANCE

ET

LA RÉFORMATION

EN DEUIL

SERMON PRONONCÉ A PARIS LE 6 NOVEMBRE 1870

A L'OCCASION DE LA FÊTE DE LA RÉFORMATION

SUIVI DE

QUELQUES ARTICLES ET DISCOURS

PUBLIÉS PENDANT LE SIÉGE DE PARIS

PAR

GUILLAUME MONOD

Pasteur de l'Église réformée.

PARIS

AUX LIBRAIRIES PROTESTANTES

1871

A M. LE GÉNÉRAL BARON DE CHABAUD-LA-TOUR.

Monsieur le Général,

Permettez-moi d'inscrire votre nom en tête d'un discours que vous m'avez invité à publier, et qui n'a de valeur, je pense, que par la sainteté des principes que j'ai cherché à défendre, et dont votre nom et votre caractère sont, pour moi, une personnification. Le dirai-je aussi ? je trouve dans cette publication un soulagement à l'amère douleur que me cause l'immense malheur de la France. Elle est une protestation, dont ma conscience a besoin, contre les iniquités d'un souverain et d'une nation qui font profession d'appartenir à l'Eglise de la Réforme. En même temps elle exprime des pensées qui me consolent, et qui pourront, je l'espère, consoler d'autres âmes, comme la mienne. Ma principale consolation est la persuasion qu'en frappant notre peuple si douloureusement, Dieu l'a fait dans son amour et pour le régénérer par l'épreuve. Ne vous semble-t-il pas que cette régénération a déjà commencé et que la France a grandi aux yeux de Dieu et des hommes ? Quels progrès, en effet, et quels signes de relèvement moral n'a-t-on pas vus, en elle, depuis la funeste journée de Sedan. L'Europe entière rend témoignage à cet heureux changement, et l'on a pu douter un moment si, malgré tant de désastres, nous ne ressaisirions pas la victoire. Dieu en a décidé autrement, et presque en même temps la lutte énergique de Paris et l'héroïque effort de nos provinces, dont le spectacle étonnait le monde et le tenait en suspens, se sont brisés contre la coalition de tous les peuples de l'Allemagne acharnés à la destruction de la France. Nous sommes vaincus, et après tant de souffrances, tant de sacrifices et tant de deuils, après la douleur et l'humiliation de voir le tiers de la France envahi, ravagé, ruiné, incendié, inondé de sang, il nous faut subir la douleur et l'humiliation de livrer à l'ennemi ces belles fortifications, œuvre du génie français, que vous aviez admirablement complétée et qu'il n'a pu vaincre, et de sentir notre Paris sous son pouvoir abhorré. Mais même à cette heure de ténèbres, l'ennemi ne peut nous ravir ce qui est plus précieux que les forteresses et les triomphes de la force brutale. Il a vaincu matériellement, mais la France a vaincu moralement, et les générations futures diront, ce que le chrétien dit aujourd'hui, qu'il vaut mieux tomber comme la France, que triompher comme la Prusse. Un jour, en racontant nos malheurs, on dira : « Il y avait d'un côté, à la tête des envahisseurs, un roi Guillaume qui n'a régné que pour faire la guerre, avec son général Moltke et son conseiller Bismarck; il y avait de l'autre, à la tête de ceux qui demandaient la paix et ne voulaient que se défendre, un général Trochu et un Jules Favre, secondés par un Thiers, qui n'a jamais été si grand que travaillant à réparer les désastres que sa sagesse et son courage civil n'avaient pu détourner : et le contraste de ces noms suffira à tout chrétien et à tout homme juste pour choisir entre les deux causes. Aussi, Monsieur le Général, et c'est là la dernière consolation que j'ai exprimée dans ce discours, n'ai-je point de doute que les souffrances du temps présent ne soient pour la France un gage de bénédiction divine pour l'avenir. J'avais cru, dans un temps, que la Réformation serait le moyen de sa régénération. Je ne le crois plus. La Réformation, comme religion nationale, a été trop deshonorée par les souverains et les peuples qui la professent, pour que son nom puisse aspirer à cet honneur. Il faut quelque chose de plus pur encore et de plus simple encore, il faut l'Evangile seul, la Bible seule, Jésus-Christ seul; il faut ce qui est l'essence de la Réformation, sans aucun alliage de nom d'homme ou de symbole rédigé par les hommes. La France est faite pour cette religion là, également opposée au pharisaïsme et à l'incrédulité, et si appropriée, par sa simplicité et sa beauté, au bon sens exquis de notre peuple, à la grandeur de ses aspirations et à la vivacité de ses sentiments. Puisse cette religion là réunir bientôt tous les cœurs chrétiens de France! Il semble que les malheurs de la guerre actuelle, en les rapprochant, en leur apprenant à se connaître, à s'aimer et à s'estimer mutuellement, pourraient être une préparation de cette heureuse réunion et de cette sainte fusion ? Cette perspective fait palpiter mon cœur de joie, à l'heure même de ses tristesses, et j'aime à croire, cher et vénéré Général, que le vôtre, si patriotique et si chrétien à la fois, bénirait Dieu avec moi s'il réalisait cette espérance.

Agréez, je vous prie, les sentiments de profonde et affectueuse estime de votre dévoué serviteur et frère en Christ?

Guillaume Monod.

Paris, 5 février 1871.

LA FRANCE ET LA RÉFORMATION
EN DEUIL.

Nous nous sommes assis auprès des fleuves de Babylone, et nous avons pleuré en nous souvenant de Sion. Nous avons suspendu nos harpes aux saules au milieu d'elle. Ceux qui nous avaient emmenés captifs nous ont demandé des paroles de cantique, et ceux qui nous ont ruinés, des paroles de joie, disant: « Chantez-nous un des cantiques de Sion. » Comment chanterions-nous les cantiques de l'Éternel dans une terre étrangère! Si je t'oublie, Jérusalem, que ma droite s'oublie. Que ma langue s'attache à mon palais, si je ne me souviens de toi et si je ne fais de toi ma première joie. (Ps. 137, V. 1-6.)

Mes Frères,

Pourrais-je trouver dans toute la Bible des paroles mieux appropriées à notre situation actuelle et à la solennité de ce jour? Elles font partie de ce beau cantique où le Saint-Esprit a exprimé en des termes si touchants la douleur des Juifs emmenés captifs. Ils se refusent à répéter à Babylone les cantiques qu'ils avaient chantés à Jérusalem, aux jours de la liberté et du bonheur; mais ce refus est lui-même un cantique, ou plutôt une élégie, où s'exhale leur douleur.

Cette douleur est double. C'est à la fois celle du patriotisme et celle de la foi. C'est la douleur du citoyen pleurant sur les ruines de sa patrie, et en même temps celle du fidèle pleurant sur le renversement du temple, et sur l'apparent anéantissement de la nation à laquelle étaient adressées les promesses de Dieu.

Nous aussi, mes frères, avons une double douleur, que nous rappellent et que ravivent ces mots : ***Fête de la Réformation***, qui servaient d'annonce à notre culte de ce jour, et qui expriment plutôt ce que ce culte devait être que ce qu'il est. On s'était proposé, au commencement de cette année, de consacrer un jour spécial, comme nous l'avons fait l'année dernière, à rappeler, pour en rendre grâces à Dieu, la délivrance qu'il a accordée à l'Église et au monde par la Réformation, et c'est tout particulièrement la France que l'on avait en vue dans cette fête de notre Église. Mais, hélas ! la France est dans le deuil, et notre Église est dans le deuil avec elle. Une succession de désastres presque inouie dans l'histoire a fondu sur notre patrie. Nous sommes comme captifs et menacés de mort, dans la ville qui faisait sa gloire. Et le pays d'où nous sont venus ces désastres, c'est l'Allemagne, qui se glorifie d'avoir été comme le berceau de la Réformation ; la puissance qui a rassemblé l'Allemagne pour nous faire tout ce mal et qui s'acharne à nous anéantir, s'appelle protestante, et invoque le nom de Dieu qui a donné à l'Allemagne et au monde la Réformation. O douleur de la France ! ô humiliation de notre peuple ! mais aussi, ô deuil ! ô humiliation de la Réformation ! Comment, au milieu de ce double deuil et de cette double humiliation, pourrions-nous célébrer, en France et dans notre Paris assiégé, une fête de la Réformation? Ce que nous pouvons, c'est pleurer sur la France et pleurer sur la Réformation, comme le prophète captif d'Israël pleurait sur Jérusalem et sur le temple en ruines. Mais comme lui aussi, pleurons devant Dieu, avec amour pour notre pays et amour pour notre

Église. Cherchons en Dieu la consolation, et le moyen de les relever l'un et l'autre.

Quelles sont les causes du déclin de la France?

Quelles sont les causes du déclin de la Réformation?

Telles sont les deux questions que je me propose de résoudre.

Je ne sais s'il est un pays qui ait reçu de Dieu plus de moyens naturels de prospérité que le nôtre. Placé près du centre de l'Europe, mais de manière à occuper deux mers, et presque trois, et pouvant recevoir à la fois les richesses de l'Asie, de l'Afrique et de l'Amérique et leur envoyer les siennes, la France semble appelée à être à la fois la puissance continentale et presque la puissance maritime la plus importante de l'Europe. A ces ressources de sa position géographique, ajoutez celles de la fertilité si variée de son sol; ajoutez le caractère naturel de son peuple, qui, s'il a des défauts de frivolité et d'inconstance, est, de l'aveu de tous, le peuple le plus franc, le plus facilement liant, le plus aimable; ajoutez les avantages d'une langue si belle dans sa simplicité, si facile à apprendre, que tous les peuples apprennent et savent, qu'on peut appeler universelle, et à laquelle les chefs-d'œuvre de nos grands écrivains ont donné tant d'éclat et d'ascendant. Tout semble avoir été donné à la France, depuis trois siècles, pour être l'une des premières nations, ou même la première et la reine de l'Europe, sinon par la puissance, au moins par l'influence.

Pourquoi donc son histoire, depuis trois siècles, a-t-elle été si agitée, et marquée par tant de désastres succédant à tant de victoires, désastres sous François Ier, désastres sous Louis XIV, désastres sous Louis XVI et au commencement de la Révolution, désastres sous Napoléon, ce superbe conquérant et ce renverseur de rois, désastres enfin dont nous sommes en ce moment témoins et victimes? Comment a-t-il soulevé contre lui successivement, ou même à la fois, tous les peuples qui l'entourent?

A cette question, que de réponses diverses pourraient être faites, et combien de réponses seraient vraies? Mais au lieu de donner la mienne, j'opposerai à la question une supposition et une autre question. Supposez qu'au XVIe siècle la France n'eût pas repoussé la Réforme. Supposez que Henri IV, au lieu d'acheter le trône au prix de sa foi, qui n'était pas une foi véritable, sans quoi il ne l'eût pas vendue, fût resté protestant, et qu'en lui la France eût accepté pour roi, au lieu d'un prince parjure et adultère, un sincère protestant et un sincère chrétien. Supposez enfin qu'au lieu de demeurer catholique, la France fût devenue protestante, ou que du moins elle eût laissé à ses princes et à ses peuples pleine liberté de choisir entre le protestantisme et le catholicisme : doutez-vous que l'histoire de la France eût été plus paisible et plus heureuse qu'elle ne l'a été?

Pour prouver qu'elle eût été différente, il suffit d'en appeler à deux arguments : l'un emprunté aux lois de la justice divine, et l'autre à l'histoire même de la France.

L'Écriture enseigne que Dieu gouverne les peuples avec justice, et l'expérience confirme cet enseignement, conforme aux lois éternelles de notre conscience. La justice élève les nations, et les crimes des peuples ne demeurent pas impunis : c'est là ce qui se voit dans toute l'histoire de l'humanité. Or parmi les iniquités dont notre peuple s'est rendu coupable, il n'y en a pas eu de plus grande que les persécutions exercées contre les protestants à cause de leur foi. C'était l'oppression et le meurtre du juste mêlés au blasphème, puisque l'on persécutait au nom de Dieu. Les crimes que la France se reproche aujourd'hui à elle-même comme les plus odieux, sont le massacre des Réformés au seizième siècle, surtout celui de la nuit de la Saint-Barthélemy, et la révocation de l'édit de Nantes au dix-septième siècle. N'est-il pas permis de penser que si elle n'eût pas commis ces crimes, Dieu lui eût épargné des calamités qui ont affligé et ensanglanté son histoire?

Pour s'en convaincre, il n'est besoin que de consulter cette histoire elle-même. Ce fut la persécution religieuse qui désola la France au seizième siècle, par les guerres civiles, et qui souleva contre elle les peuples dont l'alliance lui aurait été le plus utile, l'Allemagne, les Pays-Bas et l'Angleterre. Ce fut la révocation de l'Édit de Nantes, au dix-septième siècle, qui en même temps qu'elle déshonora la France et l'arrosa de sang et de larmes, l'appauvrit par la proscription et l'exil d'un demi million de Français, et précisément de ceux dont le travail et l'industrie la faisaient vivre et l'enrichissaient. Avec nos temples, nos manufactures tombèrent en ruines, et de leurs ruines, qui couvrirent pour ainsi parler le sol des pays protestants, sortit la prospérité de ces pays. Mais ce ne fut là pour la France que le commencement des maux que devait amener la persécution. La guerre, au dehors, vint ajouter ses calamités à tant de calamités au dedans, et les peuples que nous avions vaincus et irrités, nous vainquirent à leur tour, et changèrent en humiliation et en misère la fin du règne que l'on avait surnommé grand. Où étaient ceux qui auraient pu relever et sauver la France? où était cette race d'hommes énergiques, capables de tout sacrifier pour leur Dieu et leur pays? où étaient ces ministres de Christ qui ne flattaient pas les princes mais savaient les reprendre, comme ceux qui prêchaient à Henri IV avant son abjuration, et ces seigneurs qui savaient confesser Christ à la cour ou dans les camps, comme les Coligny et les Philippe de Mornay? Ils étaient loin de la France pleurant sur elle, et plusieurs priant pour elle dans l'exil, comme notre grand Saurin. La France les avait retranchés de son sein. Elle avait rejeté le sel de la France et éteint la lumière de la France, et la France se corrompit, et se plongea dans les ténèbres de l'incrédulité et de l'impiété. Ce fut l'acheminement vers la Révolution, qui prétendit briser tous les despotismes, mais en les brisant, épouvanta le monde par une explosion de fureurs et de crimes. Dieu accomplissait alors cette prophétie terrible : « Ils ont répandu le sang des saints, et tu leur as donné du sang à boire » (Ap. 16).

Regardez, et voyez comme les malheurs de la France se succèdent et s'enchaînent à la suite de ce premier crime d'avoir fait la guerre à Dieu, en la faisant à des Français qui voulaient la ramener à Dieu par l'Évangile. Après la persécution de la Réformation, vient l'appauvrissement et l'abaissement de la France; après la ruine industrielle et commerciale, vient la ruine morale ; après la ruine morale, la ruine sociale et l'abîme. De cet abîme elle sort par le triomphe des armes, qui la livre au despotisme militaire. Conduite par un soldat audacieux qui la met à ses pieds, elle fait la guerre à l'Europe entière, et l'Europe entière se coalise contre elle et brise sa puissance par deux fois. Elle se relève par la paix et par la liberté, tant il reste en elle de force, de génie et de vie, et tant Dieu use de patience envers elle! Mais dans ses revers passés, elle n'avait pas appris à craindre Dieu et à s'humilier devant lui. On avait relevé les autels, mais on n'avait pas relevé la foi. On avait fait alliance avec Rome, mais la France n'avait pas fait alliance avec Dieu, et pour la plupart la religion était une immense hypocrisie. On voulait que l'Église fût, pour l'Empereur, un gardien de la tranquillité publique. Ce qui a caractérisé notre nation depuis trois siècles, c'est la faiblesse morale, et le manque de fortes convictions et de résolutions viriles; c'est une facilité à suivre l'impulsion qu'on lui donne et à adorer la cause qui triomphe, applaudissant ou laissant faire le plus fort, et se précipitant tantôt vers la liberté, tantôt dans la servitude. Elle se croyait la première des nations, quand par la grandeur de ses fautes et de sa responsabilité devant Dieu, elle était la dernière. De là ses malheurs et sa ruine. Et pourtant cette nation était capable de mouvements généreux et de nobles aspirations! Comme elle avait eu ses martyrs de la foi au seizième siècle, elle eut ses martyrs de la justice au dix-huitième, et ses saintes femmes qui mouraient sur les échafauds en rendant gloire à Dieu. Elle a eu dans notre siècle, de courageux défenseurs et d'illustres représentants de la justice, de la liberté et de la foi chrétienne. Il ne faut donc pas désespérer d'elle. Pleurons sur elle, mais en pleurant, apprenons à considérer ses malheurs comme des épreuves salutaires d'où la sagesse et la bonté de Dieu sauront la faire sortir régénérée et bénie.

Comment s'opèrera cette régénération ? Si la réjection et la persécution de la Réforme ont été la cause première de l'affaiblissement et du déclin de la France, ne serait-ce pas dans la Réforme qu'il faut chercher le moyen de la relever?

Avant de répondre à cette question, laissez-moi vous parler à cœur ouvert du second sujet de deuil que je signalais au commencement de ce discours. Si la France a eu son déclin, la Réformation a aussi eu le sien. Je me suis fait violence pour mettre à nu les plaies de mon peuple, je vais me faire violence pour mettre à nu celles de mon Église.

Qu'était, à son origine, la Réformation ? elle était le rétablissement du christianisme : je ne connais pas de définition plus exacte et plus claire de la doctrine et de l'œuvre des réformateurs. L'Église chrétienne avait abandonné les purs enseignements de l'Évangile, pour suivre des enseignements humains et de vaines traditions : les réformateurs s'efforcèrent de la ramener à Jésus-Christ et aux enseignements des prophètes et des apôtres, écrits sous la direction du Saint-Esprit dans la Bible. L'Église chrétienne avait abandonné la sainteté des maximes de l'Évangile et marchait dans la corruption et la souillure : les réformateurs relevèrent la loi divine, avec la doctrine, et donnèrent l'exemple, en même temps que le précepte, de marcher dans la sainteté. En deux mots, ils rétablirent, dans l'Église, Jésus-Christ et la parole de Dieu à la place usurpée par l'homme.

Ce n'est pas assez dire. Pour comprendre les réformateurs, il faut s'élever plus haut et ne pas s'arrêter aux chétifs instruments dont Dieu s'est servi, mais remonter à Dieu qui s'est servi d'eux. Qu'était-ce, en effet, que Luther, un pauvre moine enseveli dans un couvent, ou Calvin, un prêtre persécuté et en fuite devant ses ennemis, ou lequel que ce fût des Réformateurs, malgré leur science et leur talent, pour réformer l'Église, pour ébranler la chrétienté tout entière, et pour accomplir l'œuvre la plus grande que le monde ait vu s'accomplir depuis la fondation de l'Église chrétienne, une œuvre qui a changé pour toujours la face du monde et dont les suites seront éternelles. Dieu seul a pu faire cela. Celui qui avait suscité quelques pêcheurs et quelques péagers de la Galilée, avec un tisserand de la Cilicie, pour fonder son Église, et renouveler par elle l'ancien monde, suscita quelques religieux et quelques savants, au XVIe siècle, pour relever son Église déchue, et renouveler le monde moderne. Il rendit puissants ces impuissants; il fit de ces nains des géants, en les remplissant de sa parole et de son Esprit, et en accompagnant leur parole et leur œuvre de la vertu irrésistible de son Esprit. Jésus-Christ était comme redescendu du ciel sur la terre, et la terre fut illuminée de sa gloire. Voilà ce que fut la Réformation du XVIe siècle, et voilà ce qui explique sa puissance.

Mais, hélas! ce qui était arrivé au christianisme naissant est arrivé à la Réformation, qui était le christianisme renaissant. Quand le christianisme eut triomphé de la synagogue et du paganisme, le monde, frappé de sa puissance et de sa grandeur, voulut s'appeler chrétien et se servir du christianisme pour en faire un instrument de domination. L'Église fut envahie par le monde, et cette invasion l'affaiblit et la corrompit. Il en a été de même de l'Église chrétienne réformée. Faible et persécutée, elle avait une vertu divine qui convertissait les pécheurs et qui triomphait de la puissance des peuples et des rois. Mais quand des peuples et des rois firent alliance avec elle et voulurent se servir d'elle pour régner, elle perdit sa divine vertu, et au moment où elle semblait s'affermir et monter sur le trône, elle en descendit, et s'affaiblit en se corrompant. En devenant une religion d'Etat, elle devint une religion du monde, où la profession de la foi tint la place de la foi, et le formalisme celle de la piété. Elle avait fait grandir les nations au sein desquelles elle avait été accueillie, l'Allemagne, la Suisse, la

Hollande, l'Angleterre et les États-Unis; ces nations lui devaient leurs libertés et leur prospérité industrielle et commerciale : mais cette grandeur les enorgueillit et devint une source d'affaiblissement et d'abaissement moral. Chose douloureuse ! la Réformation perdit à proportion de ce qu'elle avait fait de bien, et, comme on l'a vu si souvent, plus Dieu avait béni, plus les hommes furent ingrats et s'éloignèrent de lui. Cherchez le pays protestant où la Réformation n'ait pas été déshonorée de quelque manière, vous le chercherez en vain. L'Angleterre l'a déshonorée par sa politique si souvent égoïste et tyrannique. La Hollande, de même. L'Allemagne l'a déshonorée par l'incrédulité, et même par l'athéisme associé au nom de protestant, ou par un pharisaïsme persécuteur qui rappelait celui de Rome. La Suède l'a déshonorée par la persécution religieuse, et la Suisse par les excès d'une démagogie impie et menaçante pour l'Europe. Les États-Unis l'ont déshonorée par l'esclavage si longtemps maintenu, maintenu au nom de Dieu, et qui n'a pu être renversé que par l'épée. Il m'en coûte, mes Frères, de rabaisser ainsi tous les peuples qui professent notre foi; mais il le faut, pour rendre témoignage à la vérité, et pour que la Réformation ne soit pas tenue pour complice des iniquités par lesquelles on l'a altérée et comme reniée. Il faut le reconnaître ouvertement, les peuples qui se glorifient du nom de protestants ont, tour à tour et chacun à sa manière, compromis le protestantisme aux yeux du catholicisme, et le christianisme aux yeux du monde.

Ici, mes Frères, comment ne pas exhaler la douleur qui remplit tous les cœurs chrétiens et protestants de France, au moment où je vous parle! En le faisant, je m'efforcerai d'être juste envers un peuple que j'ai aimé, que j'aime encore, et qu'il appartient au pasteur protestant de reprendre, précisément parce qu'il est protestant. S'il y a une nation qui devrait bénir Dieu de lui avoir donné la Réformation, et s'efforcer de l'honorer par ses œuvres et par sa politique, c'est la Prusse. On pourrait dire presque qu'elle lui doit tout. Elle n'a commencé à prendre une place de quelque importance en Europe que du jour où elle est devenue protestante. Lorsqu'elle était anéantie par nos conquêtes (hélas! nous étions alors la Prusse!), Dieu la releva, et pour la relever il se servit puissamment, — je l'ai vu de mes yeux, — du réveil de la foi chrétienne protestante. Avec quelle émotion et quelles actions de grâces, — il m'en souvient, — je la visitai quelque temps après son relèvement! Roi, peuple, grands et petits, riches et pauvres, commerçants, ouvriers, officiers, soldats, se pressaient dans les temples pour entendre l'Évangile. Les chaires de ses universités étaient occupées par une élite d'hommes illustres par la science et le génie, en même temps que par la foi. Un souffle de Dieu semblait passer sur ce peuple et le remuer saintement. Il grandit aux yeux de l'Allemagne, et l'Allemagne souhaita de le placer à sa tête, parce que la Prusse était protestante. Mais quel usage la Prusse a-t-elle fait de la grandeur que Dieu lui avait donnée, de cette grandeur que le Père Hyacinthe admirait avec tant d'éloquence et nous proposait en exemple, parce qu'elle lui semblait un fruit du christianisme? Vous connaissez cette parabole où Jésus-Christ, voulant présenter aux Juifs une image de la dégradation religieuse et morale où ils étaient tombés, leur parle d'un homme qui a été délivré d'un démon, et ce démon voyant vacante son ancienne maison, balayée et ornée, s'en va prendre sept démons pires que lui avec lesquels il revient en prendre possession, et la dernière condition de cet homme devient pire que la première. Voilà l'histoire de la Prusse. Ce qu'elle avait reçu de Dieu, elle l'a tourné contre Dieu. Elle a fait de sa puissance un usage tout semblable à celui qu'avait fait de la sienne le conquérant et le tyran qui, au commencement de ce siècle, souleva contre lui l'indignation de l'Europe et la coalition de tous les peuples. Quel cœur protestant, hors de la Prusse, n'a frémi de douleur et d'indignation à l'ouïe du droit de la force proclamé par un peuple protestant, à la vue du Sleswig envahi et du faible Danemark écrasé! de l'Allemagne déchirée et ensanglantée, et de ses peuples conquis ou anéantis! et tout cela en invoquant le nom de Dieu et se glorifiant de s'appeler protestant! Et maintenant que le tour de la France est venu, maintenant..... mais où trouver des paroles pour exprimer les souffrances de notre peuple depuis trois mois qu'il ne demande que la paix et la justice? où trouver assez de larmes pour pleurer sur les maux que lui infligent des envahisseurs qui osent se dire chrétiens réformés, en semant sur leur passage la désolation, l'incendie et le carnage, et offrant au monde civilisé un spectacle digne des temps de la barbarie! Mes Frères, au commencement de cette guerre, des ennemis de notre foi nous reprochaient d'être les complices des ennemis de la France, nous ses enfants et ses amis dévoués, nous à qui ses souffrances l'ont rendue plus chère que jamais! nous avons repoussé ces indignes calomnies avec l'indignation qu'elles méritaient. Mais plus nous en étions indignés, plus nous avons éprouvé de douleur et de confusion en voyant notre France traitée avec tant de rigueur et d'injustice par des hommes qui professaient notre foi. Où trouver des paroles pour exprimer l'opprobre de notre Église? où trouver assez de larmes pour pleurer sur notre Jérusalem captive dans Babylone, et comme changée en Babylone par ses propres enfants!

Ah! mes Frères, si la France a besoin de la Réformation pour son relèvement et sa régénération, ce n'est pas de la Réformation telle que l'entend la Prusse, c'est de la véritable Réformation, de celle qu'ont prêchée les réformateurs, et que connaissent et pratiquent ce petit nombre d'hommes qui, en quelque pays que ce soit, retiennent et possèdent la foi des réformateurs. Ceux-là sont encore aujourd'hui, comme il y a trois siècles, la gloire de la Réformation et ses vrais représentants. Ceux-là sont le sel de leurs pays et la lumière de leurs peuples. C'est eux qui poursuivent saintement l'œuvre des réformateurs. C'est eux qui ont fondé, en Angleterre et aux Etats-Unis, les grandes œuvres destinées à la conversion et au salut du monde. C'est leur foi qu'il faut à la France pour la régénérer et la sauver.

Ou plutôt, mes Frères, — car je n'attache pas d'importance au nom mais aux choses, — je voudrais, à l'heure solennelle où se trouve notre pays, laisser tomber toutes les dénominations d'Église inventées par les hommes, pour ne laisser subsister que le grand et beau nom d'Église chrétienne. Je voudrais, en France, réunir en un seul faisceau tous les hommes de foi, à quelque Église qu'ils appartiennent, en leur disant : « Dieu a humilié toutes les Églises et les a toutes convaincues d'erreur et de péché. Vous tous qui avez protesté contre l'erreur et le péché, et qui en avez appelé des hommes à Jésus-Christ, et de leur parole à sa parole, réunissez-vous avec nous sous sa bannière et sous son autorité, et formons ensemble une seule Église qui rassemble tout ce qu'il y a de chrétiens en France, une République divine, image et modèle de ce que nous souhaitons que devienne la République terrestre de la patrie. Nous travaillerons d'un même cœur à relever de sa chute, l'Église par la foi et la charité, et la patrie par la justice, la liberté et la paix. Dieu sera glorifié dans l'Église et dans la patrie, et les bénira toutes deux et chacune d'elles par l'autre. Amen. »

DEUX LETTRES

ADRESSÉES A L'ALLEMAGNE.

A Monsieur le Docteur Wichern, à Berlin.

Paris, le 19 septembre 1870.

Monsieur et vénéré frère,

J'ai une prière à vous adresser : c'est de publier à Berlin, ou dans un journal connu à Berlin, la copie ci-incluse d'une lettre que j'ai écrite à un ami en vue de l'Allemagne, et, en même temps, si vous le jugez bon, les lignes que j'y joins pour vous. C'est un humble frère, inconnu de vous, qui adresse cette prière à l'apôtre, ou à l'un des apôtres, de l'Allemagne, et c'est comme d'une prison, d'une vaste prison, qu'il vous écrit. Car voici Paris enveloppé par vos armées et tous nos chemins de fer coupés; mais on me fait espérer que nos lettres pourront encore passer. Pour que la mienne ait cette chance, je la mets sous le volume le plus petit possible. C'est au nom de Jésus que je vous demande de faire entendre ma faible voix à l'Allemage chrétienne.

Mais comment condenser en quelques mots tout ce que mon cœur brûle d'ajouter à cette lettre ! — Seigneur, guide-moi. C'est à toi que je vais parler.

« O mon Dieu, que tes voies sont merveilleuses! Tu t'es servi de Napoléon, l'ennemi de l'Allemagne, pour faire l'unité de l'Allemagne, et de la Prusse pour délivrer la France d'un gouvernement qui l'oppressait et la corrompait. Mais, maintenant que l'Allemagne est triomphante au prix de tant de sang, et que la France ne veut plus, ne peut plus que se défendre, pourquoi le vainqueur ne s'arrête-t-il pas? Pourquoi continue-t-il à répandre le sang, et semble-t-il vouloir fouler aux pieds ceux qu'il a vaincus? N'y a-t-il plus de christianisme en Allemagne? N'y en a-t-il plus dans les cœurs de ceux que Dieu a placés à sa tête? ou, à leur défaut, dans les cœurs de leurs peuples? ou enfin, dans les cœurs de ce que l'Allemagne a de chrétiens sincères et de ministres fidèles? Des voix généreuses se sont fait entendre en Allemagne, demandant la paix, une paix acceptable pour un peuple que Dieu a châtié si douloureusement; mais ce sont des voix de démocrates et de philosophes, au moins celles qui sont parvenues jusqu'à nous (que Dieu les bénisse pour cela!). Où sont les chrétiens vénérés de l'Allemagne, où sont les ministres de Jésus-Christ qui ont élevé leur voix et dit aux vainqueurs couverts de lauriers sanglants : Arrêtez-vous! Mon Dieu, tes ministres, les successeurs de Luther et de Calvin, n'ont-ils donc plus charge d'avertir et de reprendre les rois? Ne sont-ils établis que pour leur applaudir et les flatter? O mon Sauveur, quelle honte pour la Réformation! Depuis la funèbre journée de Sedan, chaque coup de canon allemand me semble tiré contre la Réforme et contre l'Évangile. Et c'est la France, presque toute catholique, qui est témoin et victime de ce renversement des principes de la Réforme, et dont on travaille à soulever les haines contre la Prusse protestante qui s'acharne sur elle, hélas! et contre l'Angleterre protestante qui semble l'abandonner! Mon Dieu, amène ces pécheurs à la repentance, sauve la Réformation et l'Évangile de cet opprobre! Amen. »

G. Monod.

A Monsieur le pasteur....

Paris, le 10 septembre 1870.

Cher ami,

Les protestants français ont été accusés, vous le savez, d'être les amis de la Prusse et les ennemis de la France, parce que leur religion est celle du roi de Prusse et de la majorité de la Prusse. Cette accusation, j'en suis persuadé, n'était pas sincère; on sait bien que la France n'a pas de citoyens plus dévoués ni qui lui soient plus utiles que les protestants, et notre France nous est plus chère que jamais quand elle souffre. Mais les ennemis de notre foi, et de toute foi, ont saisi un prétexte pour soulever contre nous l'ignorance et les passions populaires. On a représenté la Réforme comme l'ennemie de la France. Là, selon moi, est l'un des graves dangers de la guerre actuelle. Laissez-moi, devant Dieu, vous ouvrir mon cœur à ce sujet, et combien je voudrais pouvoir le faire en présence de toute l'Allemagne, et du roi victorieux que Dieu place en ce moment à sa tête! Je frémis et je pleure en contemplant mon pays couvert de sang et de ruines, en songeant à ses familles en deuil, à ses soldats morts, ou mutilés, ou captifs, à ses campagnes désolées et affamées, à ses villes assiégées ou envahies; et quand j'ajoute à toutes ces douleurs et à toutes ces humiliations, les douleurs et les deuils de l'Allemagne, au milieu de ses victoires, de cette Allemagne, hier notre alliée et faite pour l'être toujours, et avec laquelle nous avons tant de liens; quand j'écoute cet immense sanglot qui retentit chez mon peuple et chez ses peuples, pour ne pas dire dans toute l'Europe, je me sens saisi de pitié et d'horreur. Mais savez-vous ce qui m'afflige et me trouble plus encore que tout cela?

C'est l'effet moral de tout ce carnage et de tous ces maux; c'est le christianisme déshonoré par les nations qui le professent sans le pratiquer; c'est la Réforme, notre glorieuse Réforme, compromise aux yeux de la France; ce sont enfin toutes les haines amassées dans les cœurs par la guerre et par les revers, se tournant contre le christianisme, et retardant peut-être son triomphe pour longtemps. Quelle sera l'issue de cette affreuse guerre, si elle continue? Dieu seul le sait. Ce qui semble certain, c'est que la lutte suprême d'un peuple valeureux et fier (le vainqueur lui a rendu ce témoignage), sera terrible; c'est que, victorieuse ou non, elle laissera des ressentiments proportionnés à ce qu'il aura souffert, et que si elle devait aboutir à une paix qu'il considérât comme honteuse pour lui, ces ressentiments se perpétueraient de père en fils. Serait-ce là la gloire où l'Allemagne aspire? Serait-ce là, pour l'Europe et pour le monde, le premier fruit de son unité, que Dieu vient de lui accorder au prix de tant de sang et de larmes? il serait plus funeste que ce sang et ces larmes. Serait-ce pour cela que le roi de Prusse viendrait rendre grâces à Dieu avec son peuple en rentrant dans sa capitale, et ce qu'il appellerait la réponse aux prières auxquelles il invitait ce peuple à l'ouverture de la guerre? Serait-ce là la consolation de l'Allemagne en deuil? des actions de grâces qui contristeraient le ciel et ne réjouiraient que l'enfer!

Ah! que ce roi pourrait se préparer une meilleure gloire et des actions de grâces plus précieuses! Et qu'il pourrait donner à l'Allemagne un triomphe autrement grand que celui-là! Si je pouvais le voir, ce roi que Dieu a comblé de succès jusqu'à ce jour dans la guerre que tant de Français, avec vous et moi, avaient condamnée et déplorée, et si je pouvais lui parler, il me semble que je lui dirais :

« Sire, c'est de l'Allemagne, il y a trois siècles, que Dieu fit sortir la lumière de la Réformation, c'est-à-dire, de l'Évangile rendu à sa pureté. La gloire de la Réformation et sa force, ce ne furent pas les armes, ce furent la vérité et la paix, ce fut la foi abattant l'homme pêcheur devant Dieu, et la charité, fruit de la foi. C'est par là qu'elle a fait la grandeur de l'Allemagne. Sire, voulez-vous que l'Allemagne devienne grande devant Dieu et devant les hommes? Voulez-vous que son unité, après avoir été un fléau pour frapper un grand peuple, devienne pour tous les peuples une source de bénédictions? Ecoutez la voix du Dieu Sauveur, arrêtez la guerre et l'effusion du sang. Faites la paix, une paix digne de la France, en même temps que de l'Allemagne, une paix qui respecte le peuple qu'on avait, comme malgré lui, poussé à vous attaquer, mais qui maintenant ne songe plus qu'à se défendre; une paix qui honore l'Évangile et Jésus-Christ, dont vous vous faites honneur de vous appeler le disciple. Alors, Sire, votre nom sera béni; alors l'Allemagne sera aimée; alors l'union des deux peuples sera cimentée par des liens plus solides que ceux des traités politiques et de la diplomatie; alors vous aurez pour garants de la paix de l'Europe mieux que les forteresses et les armées. L'Allemagne deviendra encore une fois pour l'Europe un foyer de lumière et de progrès. Et vous, Sire, dont les victoires ont répandu tant de sang et plongé tant de familles dans le deuil, vous aurez, sur votre lit de mort, des souvenirs qui vous seront plus précieux que ceux de ces victoires, et qui vous prépareront mieux à paraître devant celui qui a triomphé en mourant pour les pécheurs, et qui met sa gloire dans la charité. »

Que Dieu bénisse la France et l'Allemagne par la paix!

Cette lettre a été publiée dans un des principaux journaux de l'Allemagne.

LA FRANCE ET LA PRUSSE (1)

Dans une admirable lettre adreesée au *Journal des Débats*, le comte d'Haussonville a noblement vengé la France du reproche qu'on lui a fait d'avoir flatté le prince dont les fautes l'ont perdue. Sans nier qu'elle ait mérité ce reproche, il a rappelé que tous les princes et tous les gouvernements qui le lui adressent aujourd'hui, ont eux-mêmes flatté Napoléon III et lui ont fait une cour qui n'était pas toujours désintéressée. Je voudrais la venger d'un autre reproche qui touche à celui-là, et qui sert en ce moment de prétexte à l'acharnement avec lequel on poursuit la guerre contre elle.

La France, dit-on, n'a cessé de troubler les autres nations par ses projets d'agrandissement et de conquête : il faut la réduire à l'impuissance de jamais recommencer la guerre. Je passe condamnation sur les guerres de conquête qui ont suivi la Révolution à la fin du siècle dernier et au commencement de celui-ci ; et cependant je pourrais faire remarquer qu'elles n'ont peut-être pas été sans quelque fruit pour l'Europe, et en particulier pour l'Italie et l'Espagne, en y semant des idées de liberté que Napoléon cherchait à étouffer en France, et qui devaient y éclater plus tard de nouveau, fortifiées par la compression même qu'elles avaient subie. Mais je laisse ce sujet et je demande : où sont les guerres de con-

(1) Journal l'*Esperance*, 16 décembre 1870.

quête ou d'envahissement que la France a faites depuis 1815? Je n'en connais qu'une de quelque importance, celle de l'Algérie; qui, jusqu'à présent, a plus profité à l'Europe qu'à la France, car elle a délivré l'Europe de la piraterie barbaresque, et a coûté la France des millions et du sang. Nous avons fait de folles et d'injustes expéditions lointaines. Nous avons pris à l'infortunée reine d'Otahiti son île (hélas ! ce souvenir pèsera sur mon cœur aussi longtemps que cette iniquité ne sera pas réparée !) Nous avons détrôné un moment le sanguinaire Juarez et nous sommes fait chasser du Mexique; mais ce n'est pas là ce qui a troublé l'Europe. Nous avons été au secours des chrétiens de Syrie massacrés par les Turcs, et des Turcs menacés par la Russie. Nous avons affranchi, ou laissé affranchir l'Italie, et à Rome nous avons mis nos soldats au service du pape et des ennemis de la liberté, aux applaudissements du journal l'*Univers*: mais ce n'est pas là ce qui pouvait troubler l'Europe, bien que nous ayons commis la faute de nous faire donner la Savoie et Nice, en paiement des services rendus à l'Italie, après avoir déclaré que nous ne demanderions pas de paiement. Il y eut, là, je l'avoue, un mensonge et une iniquité qui a contribué à détacher de nous le cœur de l'Italie, mais il n'en reste pas moins vrai que les guerres de la France, depuis longtemps, n'avaient pas troublé l'Europe, et l'avaient plutôt servie. Aussi n'y a-t-il aujourd'hui qu'une seule puissance peut-être qui l'accuse d'avoir été menaçante pour l'Europe, ou qu'une seule puissance qui soit cause que d'autres l'en accusent. Et depuis quand ? et pourquoi ? Ah ! nous le savons bien, et le Sleswig, le Danemarck, le Hanovre, Francfort et toute l'Allemagne le savent mieux que nous. Le Sleswig, petite province à peine perceptible sur la carte d'Europe, que deux grandes puissances se sont entendues pour ravir au Danemarck, allumette chimique, disait lord Palmerston, qui devait mettre le feu à l'Europe; le Danemarck, que ces deux puissances ont écrasé de leurs armées réunies, aux applaudissements de l'Allemagne, comme des géants qui se mettraient à deux pour mettre le pied sur la gorge d'un nain ; le Hanovre, qu'on s'est approprié tout sanglant et se débattant entre les mains du ravisseur ; Francfort, frémissant sous les exactions insolentes de ses vainqueurs, en attendant de devenir lui-même tout entier leur proie ; l'Allemagne envahie, ensanglantée, conquise, et l'Autriche qui sans nous eût été anéantie à Sadowa, où nous étions frappés en même temps que l'Autriche, et où l'on peut dire que la Prusse elle-même a préparé la guerre actuelle : voilà les peuples qui savent mieux que nous et qui nous expliquent depuis quand et pourquoi la Prusse nous accuse d'inquiéter et de troubler le monde. Etrange accusatrice que celle-là, mais dont les accusations ne se comprennent que trop ! Depuis plusieurs années, elle s'est enrichie du bien d'autrui et agrandie par la violence ; depuis plusieurs années, elle a préparé la guerre et fait la guerre, et mis son peuple tout entier aux prises avec tous les peuples qui lui faisaient ombrage : et elle songe que le jour pourra venir où on lui ravira ce qu'elle a ravi et où on lui fera comme elle a fait. N'ayant rêvé que la guerre aux autres, elle rêve qu'un jour les autres lui feront la guerre à leur tour ; et la France, la France qu'elle a jetée à terre et foule à ses pieds, lui fait peur pour l'avenir ; son image sanglante lui apparaît déjà se redressant contre elle au jour de la vengeance. Voilà ce qu'elle veut prévenir, et qu'elle se croit, ou se dit, chargée de Dieu de prévenir. Elle a mission d'en-haut, pense-t-elle, de châtier un peuple guerroyant et ambitieux, et d'assurer le repos du monde en anéantissant la France. Les mains rouges de sang, du sang du Sleswig, du sang du Danemarck, du sang du Hanovre, du sang de l'Allemagne et du sang de la France, elle se dit appelée à donner la paix à l'Europe et à y rétablir la justice au nom de Dieu. Je crois entendre le Dieu qu'elle outrage en prenant son nom, lui dire comme son prophète au méchant : Est-ce à toi de réciter mes statuts et de prendre mon alliance en ta bouche ? » (Ps. L, 16). « Malheur à Assur, verge de ma colère ! » (Esaïe, X.)

Ah ! je ne nie pas que la France ait péché et attiré sur elle les jugements de Dieu, mais je ne permets pas aux autres peuples, mais je ne permets pas surtout à la Prusse, toute chargée des iniquités dont elle accuse les autres, de faire la confession de la France. Laissez-la, cette pauvre France, parler elle-même à son Dieu, qui lui parle en ce moment si fortement et si douloureusement : elle saura, j'ai cette confiance, s'humilier devant lui et reconnaître ses erreurs passées; et il saura, après l'avoir châtiée avec amour, la relever, à la vue de ceux qui l'ont frappée et humiliée. Ne vous hâtez pas de dire : « C'en est fait de la France ! la race latine a fait son temps et va faire place à la race saxonne. » Ne voyez-vous pas la force de la France jusque dans sa défaillance et dans son renversement ? Comme le géant foudroyé de la fable remuait la terre sous laquelle il était écrasé, la chute de la France remue l'Europe et le monde, gage certain de son relèvement ! L'Europe et le monde ne peuvent se passer d'elle. Vous avez raison de croire que du repos de la France dépend le repos de l'Europe et du monde, mais ce n'est pas comme vous l'entendez. C'est elle qui a donné à la Réformation sa forme la plus pure et la plus libre, et c'est de cette forme la plus pure de la Réformation, transmise à la Suisse, à l'Angleterre, à l'Ecosse, aux Etats-Unis, qu'est sortie, dans tous ces pays, la forme la plus pure de la liberté. C'est à elle peut-être qu'il est réservé d'inaugurer en Europe une ère nouvelle et une politique généreuse de liberté, de paix et d'alliance entre les peuples, à la place de la vieille politique de despotisme et de guerre par l'alliance des rois. Mais pour préparer la France à cette mission glorieuse et sainte, il faut qu'elle passe par le creuset de la souffrance et y soit purifiée; il faut qu'elle apprenne à haïr la guerre autant qu'elle l'a aimée et s'en est glorifiée, et revienne à Dieu et à son Evangile, dont elle s'est éloignée. N'est-ce pas là le but de la crise terrible par laquelle Dieu la fait passer en ce moment ? La race latine n'est pas prête à périr ni à descendre. C'est elle qui a donné au monde Calvin, Pascal et les plus illustres martyrs qui ont honoré l'Eglise depuis trois siècles. C'est elle qui a produit, en France, dans notre siècle, d'illustres noms, et qui y compte, en ce moment, des héros et des martyrs du patriotisme et du devoir. Son rôle n'est pas fini dans ce monde ; tout semble annoncer, au contraire, qu'il va grandir. L'Espagne se relève, l'Italie se relève, Rome elle-même se relève en ce moment, et si l'Espagne et Rome se relèvent, comment la France ne se relèverait-elle pas ? Dieu a choisi la race saxonne pour donner le premier signal de la Réformation et pour répandre dans le monde l'Evangile. Mais voici que la race saxonne qui a comme donné au monde la Réformation, s'est déshonorée par une politique d'ambition et de sang, digne des temps de la barbarie. L'année où le catholicisme a mis un pécheur sur le trône de Dieu en proclamant son infaillibilité, a vu triompher la politique de la Prusse, à la honte de la Réformation, quoique si contraire aux principes de la Réformation. Que la race saxonne ne se glorifie donc point, et qu'elle prenne garde que Dieu ne choisisse la race latine pour l'humilier, non par la guerre et la violence, mais par son relèvement moral et religieux, par l'ascendant de la justice et de la liberté, qui lui gagnera les cœurs de tous les peuples.

ALLOCUTION

PRONONCÉE

DANS LA RÉUNION GÉNÉRALE DE PRIÈRES

AU TEMPLE DE L'ORATOIRE LE 7 OCTOBRE 1870.

(Extrait de la *Revue chrétienne.*)

Chers amis et frères, on vous a adressé des paroles d'humiliation et d'exhortation. Laissez-moi vous adresser quelques paroles de consolation. Nous avons besoin de consolation. Il y a huit jours, nous étions réunis en prières pour nos soldats qui marchaient au combat. Nos cœurs étaient émus à la fois par la belle et touchante proclamation du général Trochu, et par la pensée de la lutte terrible qui allait s'engager. Nous formions la résolution de consacrer spécialement à la prière les huit jours suivants, et de les terminer, ce soir, par une réunion nouvelle de prières et d'humiliation, qui fût aussi, si Dieu le permettait, une réunion d'actions de grâces. Hélas ! quoique nous ayons à bénir Dieu sans doute de nous avoir réunis ce soir devant lui, comme nous le souhaitions, c'est encore dans la tritesse et dans les larmes que nous nous retrouvons, et pas encore pour les actions de grâces que nous avions espéré pouvoir lui rendre. Nous sommes encore captifs dans Paris, et une nouvelle dont nous ne pouvons encore apprécier la portée, est venue s'ajouter à nos amertumes. Je l'avoue, cette nouvelle m'a saisi; un moment elle m'a comme accablé — mais bientôt j'ai été relevé et consolé par le souvenir de ces paroles de l'Écriture que je viens de vous lire (Hébr. XII) : « Mon fils, ne perds pas courage quand tu es repris; car le Seigneur châtie celui qu'il aime, et frappe de ses verges celui qu'il reconnaît pour son enfant. » Dieu, me suis-je dit, traite la France comme si elle était son enfant. Ne savons-nous pas tous que Dieu peut affliger ceux qu'il aime? N'avons-nous pas remarqué qu'il semble choisir quelquefois les meilleurs d'entre les siens pour les accabler d'épreuves et de douleurs, et que sous les coups dont il les frappe, non-seulement ils reçoivent des bénédictions nouvelles pour eux-mêmes, mais deviennent pour les autres un exemple et une source de bénédictions. Saint Paul voulant consoler les chrétiens affligés, commence par leur rappeler que celui que Dieu a le plus affligé entre tous a été Jésus, son Fils bien-aimé, et que c'est sur la croix, où il a porté nos péchés, qu'il a été glorifié et est devenu le Sauveur du monde. Ne désespérons donc pas si notre France est battue des verges de Dieu, si, pour elle, les revers ont succédé aux revers, et si, après de tant douleurs, nous pleurons encore avec elle et sur elle, mais plutôt espérons et répétons : Dieu la traite comme son enfant.

Sans doute, elle a péché et Dieu la châtie à cause de ses péchés et parce qu'elle s'est éloignée de lui; mais, j'en suis persuadé, il la châtie avec amour. Ce qui nous donne le droit de le penser, c'est qu'elle est frappée faisant son devoir. Si Dieu la frappait, comme en 1812, à Moscou, lorsque Napoléon, à la tête de ses armées, foulait l'Europe à ses pieds, et que nos soldats périssaient à la fois par le feu et dans les glaces de la Russie, nous ne pourrions pas parler ainsi. Mais, depuis plus de trois mois qu'est tombé le pouvoir qui avait poussé la France à la guerre, que fait-elle et que demande-t-elle? elle se défend, en demandant la paix. Elle défend ses foyers, ses familles, son sol, et tout ce qu'il y a de légitime et de sacré pour un pays. Sa cause est celle de la justice, et celle de ses ennemis est devenue celle de l'injustice, de la violence, et d'une agression implacable et féroce. Comment une pareille cause ne serait-elle pas en abomination à Dieu, et comment celle de la France n'aurait-elle pas Dieu pour elle? Elle a péché, et Dieu a battu le pécheur de ses verges, mais il souffre maintenant en faisant bien, et à des signes heureux vous reconnaissez qu'il est aimé. Il ne perd pas courage, quand Dieu le reprend. Il semble se tourner vers Dieu, et nous recueillons avec bonheur des témoignages de piété qui s'échappent de la bouche de nos soldats, de notre peuple, de nos hommes de lettres, de nos savants. Le Gouverneur de Paris, le chef de notre Défense nationale, s'incline devant la puissance de Dieu. La France grandit dans l'épreuve. Son courage s'accroît au milieu des revers et à proportion des revers. Au cri de résistance de Paris, a répondu, comme un magnifique écho, le cri de résistance de la France. Le peuple qu'on appelait frivole est devenu sérieux. La nation qu'on croyait écrasée, est debout devant Dieu et devant les hommes, leur offrant l'un des plus grands spectacles peut-être que la terre puisse offrir en ce moment, et le plus digne de la sympathie de toutes les nations ; car ce n'est pas seulement son existence qu'il défend, c'est l'intérêt et l'honneur du monde civilisé et chrétien. Il s'agit, comme l'a fait entendre Trochu dans sa proclamation, de savoir si une puissance qui depuis plusieurs années, fait de la force son droit suprême, et veut fonder un empire souverain d'Europe par la conquête et l'effusion du sang, anéantira le seul peuple qui lui résiste, et dominera le monde civilisé. La cause qui se débat en France est celle de la justice, celle de la liberté, celle de la civilisation et du christianisme, compromise par les triomphes de la Prusse. Combattant pour une pareille cause, comment la France pourrait-elle succomber? Ni au point de vue humain, ni au point de vue divin, je ne saurais le comprendre. A-t-on jamais vu un peuple décidé à se défendre avec courage contre d'injustes agresseurs, prêt à tout sacrifier et à tout souffrir plutôt que d'accepter le joug, ne pas se relever ? Mais les conditions mêmes que nos envahisseurs ont jusqu'à présent déclaré qu'ils mettront à la paix, nous avertissent que Dieu, aussi bien que l'honneur national, nous commande de leur résister. Elles sont telles qu'aucun chrétien, comme aucun Français, ne peut les accepter. Ce qu'on demande à la France, ce n'est pas seulement un sacrifice d'argent, ce n'est pas le sacrifice d'un morceau de terre, ce n'est pas celui d'un point d'honneur, c'est celui d'une partie de la France, de membres vivants de son corps qui ne consentent pas à en être retranchés, et dont on voudrait faire des membres de la Prusse. Ce qu'on veut, c'est que nous livrions à la Prusse des populations qui veulent rester françaises ; que nous abandonnions à ceux qui les ont désolées, incendiées, inondées de sang, des provinces qui se sont défendues contre eux avec l'énergie du patriotisme au désespoir. Ce qu'on veut, c'est que nous acceptions, pour conditions de paix, de faire d'une partie de la France une partie de la Prusse, d'approuver que des concitoyens qui se sont sacrifiés pour nous, deviennent des sujets de la plus odieuse puissance qu'il y ait en ce moment au monde, et que leurs fils, qui sont comme nos fils, deviennent soldats de la Prusse, forcés peut-être un jour de combattre contre la France leur mère, sous peine d'être fusillés s'ils s'y refusent ! Quelle est l'Assemblée nationale française, quel est le Français, quel est le chrétien, qui oserait mettre sa signature au bas d'un semblable traité de paix ? Il peut consentir à périr, à s'ensevelir sous des ruines fumantes, mais il ne le peut à souscrire de pareilles conditions. Oser les proposer à la France, c'est lui dire de les repousser, c'est lui apprendre que Dieu lui crie de résister. Et si c'est Dieu qui crie à la France de résister, il sera avec elle et bénira sa résistance. J'écrivais il y a quelques jours à un membre du Parlement anglais : « Je ne connais pas en ce moment un père chrétien en France qui ne soit prêt à offrir tous ses fils à son pays pour le sauver. » Il ne faut donc pas perdre courage, mais, comme l'Écriture nous y exhorte, espérer, en combattant contre le péché. Humilions-nous devant Dieu, au nom de la France; invitons-la à s'humilier; mais, en même temps, exhortons-la à élever les yeux vers lui avec confiance, en cherchant en lui la force et la délivrance. Elle viendra, cette délivrance, à son heure et telle que la préparent sa sagesse et son amour, pourvu que nous fassions notre devoir, et qu'aucun ne se refuse aux sacrifices que lui demandent Dieu et la Patrie.

Typ. Ch. Marechal, 16, passage des Petites-Ecuries.

www.ingramcontent.com/pod-product-compliance
Lightning Source LLC
LaVergne TN
LVHW020308230826
846091LV00006B/2584

* 9 7 8 2 0 1 1 7 5 9 1 6 0 *